eu, morto

antonio geraldo figueiredo ferreira

eu, morto

Poesia
ILUMI/URAS

Copyright © 2020
Antonio Geraldo Figueiredo Ferreira

Copyright © desta edição
Editora Iluminuras Ltda.

Capa e projeto gráfico
Eder Cardoso / Iluminuras

Foto da capa e desenho do colofão
Antonio Geraldo Figueiredo Ferreira

Revisão
Monika Vibeskaia

CIP-BRASIL. CATALOGAÇÃO NA PUBLICAÇÃO
SINDICATO NACIONAL DOS EDITORES DE LIVROS, RJ
F439e

    Ferreira, Antonio Geraldo Figueiredo
       Eu, morto : memórias póstumas da quarentena / Antonio Geraldo
Figueiredo Ferreira. - 1. ed. - São Paulo : Iluminuras, 2020.
       64 p. ; 21 cm.

    ISBN 978-6-555-19-056-4

    1. Poesia brasileira. I. Título.

20-66618   CDD: 869.1
                    CDU: 82-1(81)

2020
EDITORA ILUMINURAS LTDA.
Rua Inácio Pereira da Rocha, 389 - 05432-011 - São Paulo - SP - Brasil
Tel./ Fax: 55 11 3031-6161
iluminuras@iluminuras.com.br
www.iluminuras.com.br

dentro deste umbigo
borboleta, não se meta
em mim nem comigo

それは私です

em cena

:

eu, morto

memórias póstumas da quarentena

todos esperavam passar pelo isolamento
e tocar o velho barco
ainda que encalhado

a quarentena seria
depois
um horizonte
cuja tênue linha
apagando-se
diluísse o verde no azul intocado

sim
findo o resguardo
queriam esquecer o deserto
o gosto amargo dos gafanhotos
o fim

eu, não

morri

mas deixei uma sombra

o dicionário

aberto sobre a mesa

nas páginas 476, 477

ontem

na garganta

o silêncio daquele verbete obscuro

quase o vejo reposto na prateleira baixa

por conta do peso das palavras

mudez na página de rosto

bem, não queria mesmo que colassem os meus lábios

e

a propósito

que palavra eu não sabia por último, hein

?

morri
como pode
o outro mundo
este mesmo
aqui
se
eu
morto
por aí
sem saber
se
vivi
?

aliás
nunca tive
onde cair vivo
isso sim

passei do pior para aquela

bati as botas descalço

:

virei mortadela

solitário conviva de um festim
nem triste, nem feliz
mudei de lado
a diferença é que deitado
agora
comerei o capim pela raiz

tudo por fazer
ainda
o sonho dos defuntos
numa agenda em branco

quando rabiscado
(confesso que não ligo)
em tinta azul
o encontro
comigo

no fio que mal e mal sustenta o peso
e o corpo de uma espada, a qual, assim
suspensa, paira sobre a vida inteira

procuro bracejar um equilíbrio
para subir a escada que me leva
à cúpula de um templo imaterial

onde, conforme estava escrito, vivo
como um segundo espírito, de corpo
e alma reduplicados por um deus

também de barro e cinza, amalgamado
por dois demônios, cujos nomes são
voz e rabiscos impronunciáveis

porém, a cada passo, desço dois
degraus a cima, quando subo ao fundo
de quem seria aquele que não sou

cansado, vejo o céu que se me abre
suas entranhas, vísceras de um tempo
em que sonhara ser apenas eu

faltou-me o ar, verdade, mas pior
foi ter a consciência de que a vida
ganhava algum propósito na morte

então, como castigo, chego ao fim
quebra-se o fio da espada, que recorta
o espaço e tudo aquilo que vivi

o chão fendido se oferece noite
e, morto, posso contemplar o outro
finalmente revivescido em mim

parto
é
certo

voltas
e
revoltas

hirto
e
morto

murtas
e
margaridas

arrumar os haveres
para deixar as coisas de algum valor

encontrei só miudezas
carrinhos de ferro
medalhinhas
um pião de madeira sem cordonnet

sim
errei muitas vezes
noutras tantas
ajuntei besteiras

ao menos
creio
diriam que fui
meu tanto prevenido

listei
o imponderável
em pormenores
de pequenos prazeres

legado de sonhos
sem deveres

febre louca

o
suor disfarçado em lágrimas
corre

e
morre na boca

li em algum lugar que são os algoritmos
não sei
talvez eu tenha levantado por demais
a voz

gosto da minha companhia, de mim mesmo
a sós
mas ando um tanto encafifado: o celular
agora
quer conversar comigo, corrigir-me erros
palavras
indicar-me um caminho para ir embora
de mim
desterro que passou a ser uma resposta
incerta

ontem, por um momento, percebi que a voz
de alerta
respondia, também, ao próprio pensamento

vi uma fruta
no prato
estendida
sobre a mesa
em frente

a
porta da sala

medo
que
deitado
em
si
mesmo

semente

a mosca
ao redor da fruteira
cruzava
zonza
revivida em relâmpagos
um raio de luz

só pra mim
a vida
os dedos do sol
tudo
quase
repetindo-se
só pra minha vida
este quentume
dissipado em transparências

fugi pela porta da cozinha
e
de novo
o mesmo sol no quintal

a translação dos insetos
não obedece às leis da gravitação universal

ao recortar a luz
aquela mosca morria
comigo
existida
na penumbra
de nada

vida

:

obra que não conta

quando em mim

discreto

aquele kafka

inseto de ponta

a ponta

abrindo e fechando os braços

nos traços

da minha sombra

quanto tempo

alguém ainda escuta

depois de morrer

?

que palavras

se a sorte do suspiro

ao choro

que apaga

o som

este ranger

dos dentes

no medo

?

alguém me disse

com todas as letras

:

pode rir, mas daria pra ouvir um soneto

vírgula

dois pontos

travessão

aspas

ponto e vírgula

reticências

travessão

travessão

parêntesis

aspas

parêntesis

vírgula

exclamação

ponto-final

uns caem de quatro
outros
de boca

caiu por terra
caidinha
por mim
de amores falsos

passei uns maus bocados e caí fora

não caiu na conta
e
caíram de pau

do cavalo

na conversa

pelas tabelas

e perdemos
todos
a aposta

caí duro
de costas

papo reto
qual o quê
?

tonto
serei
um
ideograma
para analfabetos

pronto

,

:

—

"

;

...

—

—

(

"

)

,

!

.

o vento no rosto

brisa
que carrega
ao longe
um calor distante

fecho os olhos
para ver

o ar
risca a pele
com as unhas
de pó

não corro

sei a hora
de voltar

e
morro

à noite deu fome

preparei um café não muito forte
com sorte
não perco o sono
a minha sina ultimamente

pois é

cortei o pão
abri a geladeira
e peguei a margarina
junto à sola do meu pé esquerdo

é de lamber a colher
mulher

chega a ser
até
um troço meio profundo

guardar-me defunto
num potinho de tupperware

a boca amarga

!

é preciso correr

se vivo

agora

a morte

enquanto

a vida

antes

e

tanto

até então

para quê

?

este leite

condensado de sonhos

o
fim
no mar
que
sou
e
em
mim
nunca
se
aplaca

dança

vem
e
vai
e
vou
e
vim
e
volto
vaga lembrança
e
ressaca

escorrido de mim
quem me deixou vencido
à mesa
o vinho amargo
?

upa, upa, neguinho
vai logo, vai
sem medo
pode morrer
morre, vai
juro
já vai cedo
corre, engole esse desejo
e coisa e tal
faz um furo na lata
chupa
lambe o metal

falei
(e ainda falo)
é preciso atitude

o que não engorda, mata
sorve logo no gargalo
vai logo
bebe no açude onde me afogo

porra, não fode
!
aquele sujeitinho
vivo por aí
zanzando
e tunga
por exemplo
morrendo com 64 anos
pode
?

tudo bem, vá lá
noves fora
um deus idiota
(escultor de terracota)
terá moldado, lá atrás
a vida
y otras cositas más

!
gente
satã é que é inteligente
(deus calhou de ser tantã)

pã
pararã
pã
pã pã
...

dízimo sísifo

ou

sísifo dízimo

?

ah

pergunta pro olímpio

parente do abreu

não pagou

porque também morreu

embora ciosos teólogos e exegetas da microbiologia neopentecostal

apontem a dívida como causa exclusiva da peste

da morte dos pecadores

e coisa e tal

pandêmico pessimista
trocei do vírus
e morri de rir

acho que não vivi como devia
não fui até o fim
não rapei o prato
nem lambi os beiços

da noite
fui levando pianinho demais

e mais
escondi a chave das gavetas

ouvi umas canções, sim
mas não me levantei pra dançar

não disse o que pensava
com todas as letras
fingi opiniões

contei a verdade além da conta
o que fez muita gente torcer o nariz

bem feito
porque não fiz nada
bem feito

nem morrer
morri direito

indo
além do prazo
sou o suco
nos rasos do copo
em dueto
e
chupo o canudinho
e
me sufoco
naquele chiado
bom
é
findo
o
caminho
quase diria um tom
no LP riscado

as portas trancadas

assaltos, pandemia

mas posso fazer um pedido

?

uma boa alma

há de colocar

o réquiem de mozart

naquele modo repeat

pode ser

?

talvez

dentro da noite

(quem sabe)

um carro veloz

e mano brown

no último volume

por um instante

vozes em harmonia

(tudo como se nunca antes)

até desaparecerem

comigo

onde não sou

nem estou

aquele compositor austríaco

e mudo

cabrália paulista

eita, mão invisível
a prazo

capital do caixão
à vista

de chofre
a
descoberta
em pilhas e pilhas de edifícios

anjinhos, soirées, ternos de madeira
arranham-céus

mas
linha a linha
abaixo do horizonte
esfolam-se-infernos aqui mesmo
na terrinha

tigum
não cheguei a dizer nem trinta e um

se sou do samba

defunto

passista
de
pés juntos

ato falho

eu sei

dancei

(my way o caralho)

escreva à mão
o que lhe digo
:

parado
ande a mil
e
tema
o
sistema
...

brasil

peão
pé-rapado
em
xeque-mate
?

nihil obstat

esta forma simples
mais que mítica

sim

aqui se morre
de política

agir
bater as asas
de casa em casa
—

as covas
são provas
e
pilhas e pilhas
:

pelo país
,
ser mais que ilha

vide mula

covid

*

*

o mistério do embuste nos diverte

:

anastrazol gefitinibe o melanome

da besta

ai, quarentena

quartel de zumba

ou quizumba de botinas

?

simbora, pois

à luta

incônscio pilates e álcool gel

ui, ui

lá fora é uma chacina só

escuta

:

obscena laranja

rumba da china

e

cloroquina

...

bom, já deu, né

?

me arranja logo

um copo de serotonina

e três despachos de macumba

menina

!

janela

um menino
brincando de pega
sozinho
em volta do coreto

o sorveteiro empurra o carrinho sem vontade
aperta a buzina com mais força

bem-te-vis, cachorros e sanhaços

então, uma bicicleta de mancal bambo

o vento embaralha as folhas
agita as sombras

na calçada do outro lado
uma senhora para sem pensar
e troca de mão a sacola

três automóveis

um caminhão sopra os freios na descida

a mãe se ajeita no banco da praça
perdida no celular

não olha ao redor

enquanto o filho
sem graça
não sabe mais para onde correr

calor e cansaço

o peito chiando
tossi com desvelo
:
cobri a boca
na dobra do braço
atrás da dor de cotovelo

veni, covid e morri

*

*

é fato

não vê

?

a morte se fez clichê

no ventre do senso comum

atos que se repetem pela primeira e última vez

dos dois, nenhum

e

para sempre

eta, sonho esquisito

!

eu menino

o rosto vermelho

tom mix

saquei meu revólver de espoleta

porque me peguei mascarado

bandido ferido

na frente do espelho

limpei o ranho

e

por mais estranho que pareça

dei-me um tiro

na cabeça

então não fingia

?

pena, fosse no cinema

nunca morreria

irmão

?

tô sabendo

...

mão
que
só
lava
a
própria
mão

nobres segredos

:

não
não é o bichinho

...

as ideias é que matam
pobres e pretos

há nisto alguma sabedoria
no fim da vida
(um pouco antes)
desaprendeu a sorrir

somente quando um filho pedia
mostrava os dentes

a postos
na janela
uma vitória de pirro

fico esperando passar alguém de quem não gosto

e
espirro

já que tá tudo ruço

depois eu tusso

eu, morto

não sei tocar aquele tango argentino

viu

?

puta que o pariu

foi tudo assim

:

o destino torto

riu de mim

fui

quando a mera circunstância, de repente, universal